영산전이 생생生生하다

국립중앙도서관 출판시도서목록(CIP)

영산전이 생생하다 : 이숙현 시집 / 지은이: 이숙현. -- 대전 : 지혜
, 2012
p. ; cm. -- (지혜사랑 ; 073)

한국문화예술위원회·광주광역시·광주문화재단의 문예진흥기금 일
부를 지원 받아 발간됨
ISBN 978-89-97386-41-3 03810 : ₩10000

한국 현대시[韓國 現代詩]

811.7-KDC5
895.715-DDC21 CIP2012006009

지혜사랑 073

영산전이 생생生生하다

이숙현

시인의 말

두 걸음을 걷고 싶어서
우선은 걸은 한 걸음에 대해
스스로에게 보내는 커튼콜 같은 시집이다.
고통, 그 의미와 화해하느라 참 많은 시간을 보낸 것 같다

왜 사랑하는 것들은 편하고 쉽지 않을까
악기장들 사이에서 최고라는 돌 사이에서 오래 자란 석산의 오동
염소를 매든 두드리든 괴롭혀야만 열매를 많이 맺는 대추나무
산 아래보다 더 춥고 힘들어서 더 곱다는 산 위의 단풍……

자유의지가 아니라
누군가의 꼭두각시로 사는 것 같던 시간
리트머스 시험지 그 이상도 이하도 아닌 것 같던 시간을 견디며 기른
위로와 절망과 편안한 체념에게도 이걸로 안녕을 하고 싶다

누추하고 부끄럽지만
부대낀 생의 기록이기에 묶어서 내 보낸다

2012년 겨울
이숙현

차례

2부 나를 찾은 길

3부 상처로 만든 뗏목

4부 가볍고 쓸쓸한 반짝임

1부

뒤집어서 세상 보기

, 불현듯

난 어쩌다

선택이라며 자유라며
남들에겐
따로국밥같은 이유를 대며
여기까지 밀려와
이 외진 거리를 혼자 걷고 있는가
제발 생生,
이월 중순의 저녁 바람만 같아도
좋겠다며
족히 견디겠다며

살바람을 건너온 자의 싸늘한 음성이
귀에서 못처럼 자라 나온다
걸어갈 시간은 자꾸 철조망이 되지만
난, 이제 그것도 초록색이라 우기려 한다.
터널이라 믿으려 한다

겨우살이

실상사 가는 길목,
얼굴에 기미가 잔뜩 낀 아낙의 보따리에서
황록색 겨우살이가 봄빛에 반짝인다
참나무 줄기에 들러붙어
남이 애써 빨아 올린 수액을 거저 훔쳐 먹는
저 더부살이, 겨우살이
고대 제사장의 손에 들리던 황금가지가, 겨우살이라지
대롱대롱 달린 노란 열매,
몰락한 왕조, 제 과거를 애도하는 눈물방울일까

평생 남의 피 빨아
겨우 살아 온 목숨,
남을 위해 한 번은 쓸모가 있어
암종癌腫 든 몸에선 치유의 황금가지로 핀다지
더 지독한 기생이 기생을 삼키는 지상의 먹이사슬
몸에 기생하는 암쯤이야
삭풍 속 얹혀 산 제 억장으로 못 녹이랴

얼크러진 세상 속
독야청청 사는 일 착각이라며
아낙네 보따리 옆 상황버섯
바람 불자 은근히
겨우살이 어깨에, 몸 기댄다

황금 낚시

신바람 부동산 경매 강좌엔
침 넘어가는 벌떼들로 붕붕거린다
그 속에 있으면, 세상에서 제일 영악한 여자인 양
미래가 만만해진다
덫에 걸린 남의 설움을
내 기쁨으로 포획하고 싶은 사람들
어디선가 암호처럼 살다 속속 모여 든다
부동산 중개소가 제 명함에 박힌 여자는
그 중에 조금 더 안 체한 죄로
시간만 있으면 떠드는 벌을 받는다
가장 헐값에 나온 괜찮은 슬픔이
좋은 물건이 되는 이곳 정글
안내자를 선생님이라 부른다
경매신문, 장장이 넘겨보는 남의 슬픔 목록
한때는 빛나던 소유자가
빚에 걸린 채무자가 돼 버린 울화를
한 번도 제대로 살아보도 못허고

골병만 남은 사람은 알아본다
아는 것, 가진 것 보다
꿈이 더 큰 무리 속엔 이미 프로는 없다
생전 처음 입찰가액 써 보는 손
환전될 희망이 먼저 부풀어 부르르 떤다
맹지로 된 북향의 임야엔, 언젠가
강제 경매될 가처분 중인 생 하나도
그렇게 적힐게다

적금론積金論

행인들 하나씩 올려 쌓은 애기 돌탑
돌마다 모양 다른 희망이 쌓이듯
적금 부으러 오는 얼굴마다
아무리 눌러도 다시 뜨는 비치볼처럼
숨기지 못해 불거진 희망을 본다
만기가 될 때 까지
미리 발목 잡은 희망이
색색의 조각보로 숨어 있는 적금 통장
가끔 중도에 자퇴하는 희망은
가슴 먼저 뽑힌, 벌건 적금이 된다
부어서 뿌리 내린 희망과
덜 채워서 부푼 희망이
적금을 붓는 만큼
키를 바꾸며 동숙한다
꽉 찬 적금으로 받았던 생이
어릴 적 설탕과자 같을수록
적금을 넣으며 채워 보려는지도 모른다

한 치도 알 수 없는 미래가 있는 한
적금은 아편 같은 희망의 둥지
눈앞에 죽음이 와도 심어 보는
남귤북지南橘北枳의 적금 통장
생을 화대로 한 최고의 포주,
희망이 살기엔
둘도 없는 서식지다

시각장애 안마사

비가 오려나,
몸에 뭉친 근육이 퇴적암으로 굳어가는 기분이다
노련한 그의 손이
통증의 혈穴을 짚어낼 때를 기다려
환호할 대사까지 준비해 누워 있다
볼 수 있는 눈 대신
볼 수 있는 손을 얻은 그
손으로 만지는 세상의 표정이
궁금할 때가 있다
층층이 굳어진 바위를 녹일 때
그의 손은 전지전능해진다
눈이 손으로 자리를 옮긴
천수관음이 된다

손가락 끝에 주문을 묻혀
퇴적암 속에서 쿡쿡 쑤시는
침엽수까지 잠재우는 게 기승전결의 마무리

만지면 뭉치고 엉킨 것이 풀어져 내리는 세상이 있다
점자를 읽듯 한 점 한 점
몇 번이고 달래주는 그의 타전打電에는
퇴적암도 웃는다
그의 눈이 어두워 달아주는 내 날개
바위를 주물러 날개를 만드는 일이
누구에겐 시기를 받았는지
집 밖의 길은 항상 벼랑이 된다

천사

한때, 청각장애인 줄 알았던 천사,
대낮 사거리에서 보았다
긴 머리에 초미니, 가위를 만든 다리가 짝 빠진.

날개 자국을 감춘 파스 빼죽이 보인다
누가 또 달고 쓴 인생을
배달해 달라는지
화장발 뒤로 모인 피곤이, 비늘처럼 떨어진다
내리꽂다 치닫다 예측불허 비천무飛天舞에
지상에서 사는 일 실감나는지
오토바이를 탄 엉덩이가
연신 끄덕이며 응답을 한다

지참 목록 1호 감로수, 얼려 보자기에 싸고
일 년 내 콧방울에 익혀
감질나게 발효된 목소리는 천사의 기본이다
닭살이 돋아도 천사는 바지를 모른다

담요를 휘장처럼 두르면
오빠가 울려주는 요란한 유행가 나팔소리
길가, 슬근대는 눈빛까지
즐겁기를 바라는,
부르면 대번에 달려와
지친 사내, 번득이게 만드는
천사, 천사다방 아가씨.
천사는 이제 지상의 직업이 되었다

안경점에서

근시의 뜻 외우던 초등학교 시절
외운다는 건, 세상에서 그 일이
아직 나와 관계없는 일이라는 것
어느 날 슬그머니 근시가 왔다
절대 양보가 안 되는 눈앞의 떡
이전투구에 바쁜 '그러나' 근시에게
꼬리를 내려주는 불청객이 왔다.
"노안이 왔네요"
인생의 렌즈, 원시로 바꿔야 될 조짐이다

'그래도'로 바꾼 렌즈에는
보이는 세상이 다르다
먼 산 보는 일 잦아지고
젖은 단어의 뒷등도 보인다
노안, 이제 아파트 평수보다
마음의 평수 늘리라는
자연의 처방전 같다

지금껏 끼었던 근시의 렌즈
쭈뼛거리며 반납한다
이제 새 렌즈의 바탕색은
자스민향 온정이다

씨앗장수 할머니

무진장의 토박이, 주재순 할머니
봄날 그 가게 바닥엔
꽃씨 먼저 떨어지고
겨울엔 맛 나는 이야기 씨가 한 광주리 넘친다
한 봉지 사면
한 줌 집어주는 다른 씨앗으로
덕德씨 뿌리는 할머니
막내아들 낳던 동짓달, 전쟁으로 남편 잃어
아들업고
사방팔방 씨 팔러 다녔대지

틔우다 만 청춘 살수록 서러워
맨 날 입는 빨간 잠바, 통째로 꽃이다
한마디 말씨로도
꽃 피는 줄 알기에
꼬부랑 씨로 매양 새 씨를 파는
무진장 봄날 속 할머니의 시간

"지 혼자 시상에 나온 게 있남!"
살면서 건진 할머니의 일갈에
치마폭 씨앗 하나
깜짝, 밑으로 구른다

아웃사이더

우리의 보금자리가 첫 문을 연 날
19851124
아차, 끝자리 4를 잘못 눌렀다
문은 진실로는 열리지 않는다
문 안의 구성원이 아니라고 세 번을 운다
다시 한 번 기회를 줄 때까지
얌전히 반성하며 기다려야 한다
띠리릭, 주문을 맞춰야 열어주는 문
딸그락, 잠가주는 문이 어느 틈에 주인이다
check로 마음 졸이던 하루는
집 앞에 와서까지 검증을 거친다
다시 누른 후 잠깐의 순간, 맘이 조인다
이러다 문이 갑자기 치매라도 걸리면?
제 몸에 맞으면 누구든 순하게 열어주던
열쇠뭉치, 아직도 가방 안에 있다
증거가 있어 안심이 되던 아날로그의 세계보다
암호로만 통하는 디지털 세계

출구를 모르는 미로처럼 은밀하고 불온하다

생의 문은 무엇으로 짜진 문이기에
주인은 아직도 낯선 방문객이 되어
정해 본 기억조차 없는 주문만 뒤적거리고 있을까

매트릭스 호박

요즈음 호박이 잘 팔리자
새끼손가락 크기의 호박마다
숨구멍 뚫린, 똑같은 비닐봉지 씌워진다
호박에게
신종 프로크루스테스* 침대가 되겠지

사람들 딱 좋아하는 길이의 비닐봉지,
꽉 차게 호박이 자라면
깨끗한 호박의 일대기는 마트마다 회자膾炙되리라
어쩌다 달리고 싶은 호박순의 힘
비닐봉지 터 버릴 때도 있다
모가 난 이런 삼손
밭에서 소리 없이 제거 되어버린다

"자연스러운 노년, 운 좋은 사람만의 일은 아니겠다",
중얼거리는 내게
"접붙인 것보단 백 번 낫지 뭘 그래"

농사꾼이 한마디 집어 던진다
사람 맘 같은 색으로 색칠해버리는 매트릭스가 지나간다
얼마 전 영재 교육장에 넘치던
고만고만한 영재가 보인다
애써 나는 그때의 기억을 지워버린다

* 프로크루스테스 : 나그네를 잡아 침대에 눕혀 침대보다 키가 작으면 늘리고, 크면 잘라서 침대에 딱 맞게 만들어 버린다는 신화에 등장하는 괴물.

그곳엔 새가 산다

먹이를 나꿔채는 솜씨가 노련하다
무심코 내민 손을
톡 쪼는 새의 부리
화들짝 놀라 손을 감춘다
한 밤에 마주친
순환도로 비둘기장 요금소의 새 한 마리
눈두덩엔 푸른 형광색을 칠했다

한 평 새장에서
부리가 된 손 열심히 모이를 모을 때
기계새로 훈련시킨 주인은 단잠에 빠진다
돈이면 제 잠도 파는 불면의 새
나그네 새에게 고속으로 질주한 댓가를 받는다
자신은 먹지도 못할 모이를 채간다

비둘기장을 지나는
유난히 혀만, 어깨만, 코만 발달한

다른 기형의 새들에게
상냥한 그 새, 뒤통수에 대고 인사도 한다
한 밤 주름진 새가 내는 간드러진 미성
갑자기 머리카락이 쭈뼛거린다

벌집 풍경

흑백의 벌들이 정신없이 난다
벌집의 농밀한 꿀?
에이, 그건 오래 된 상상력
벌집에서 나오는 삼겹의 살코기
이쯤 되어야 최신 버전이다
빨강머리 알바 풋벌들의
쭈삣거리는 얼굴에 쓰인 처음이라는 글자와
잘 숙달된 일벌 언니들의
노련한 비행까지 섞여
고만한 나이의 벌들이
써빙이란 이름으로 한판 신이 났다

고기를 먹는 내내
친절한 벌님들 수시로 방문하는 바람에
내 눈동자까지 거만해진다
익숙과 미숙이 텃세부리지 않고 어우러진
잊었던 대동 벌집 세상

장롱 속 개켜둔 유쾌함이 찾아 온다
배부르도록 내가 한 일은
나이의 평균을 올려 주는 일
나오는 문 앞에서 여왕벌 한 마리 가로막는다
역시 딴 세상 구경에도 공짜는 없지
한 방의 장침을 가진
부르주아 말벌이 되고 싶은 저녁이다

어떤 일광욕

반신이 마비된, 용하다는 사주쟁이 할머니
비럭질도 못할 몸으로
남의 사주 덕분에 떵떵거리며 산다
새벽부터 순번 달고 앉은 사람들
등마다 젖은 생의 보따리들 매달려 있다
빛바랜 다우다 이불 밑으로
색색의 양말 같은 사연 밀어 내논다
생전 처음 본 사람끼리 나이 물으며
묵은 오누이처럼 소근대도
하나도 이상하지 않는 이 점占집
돈을 주면서도 굽신거려야 하는
할머니 기다리고 있다

큰소리치며 연신 물을 마셔대는
점집 할머니 입에선
가끔 연꽃이 피고
매서운 성에꽃도 핀다

할머니 육신만큼
마음 다친 사람들의 눅눅한 생이
어눌한 말로, 잘 마른 이불이 된다
단숨에 고슬고슬 말려 놓는다
시한부 약발에 가벼워져
다시, 신발 끈 고쳐 매고 나오는 사람들
뒷덜미마다 풍선 같은 희망이 매달려 있다

어떤 생生

오늘도 수용 한계선을 넘는다
넘긴 숫자만큼 주사를 놓아야 한다
타의로 제 죽음을 받아들여야 하는
절벽의 끝에서
차라리 무심한 듯
절 죽이려는 사람 앞에 엎드려
두 눈을 깜박거리는 강아지들

말을 안 들어, 싫증 나, 늙어,
길가에 버려지는 강아지
자살을 모르는 생 절룩거리다
강제로 보호소에 입소된 강아지들
자랑스럽던 색색의 이름까지 버려져
죽어가는 순번이 제 이름이 된다

남이 결정하는 삶의 기한으로
물건이 된 장난감 강아지

순간, 머리를 곤두세운 채 달려 들 것 같다
강아지용 안락사 주사,
방향을 바꿀 수도 있다

2부

나를 찾은 길

은목서 스토리

만리향이라는 은목서
이파리마다 만져 본다
모서리마다 그대로 가시다
상처로 만든 내 가시는
남을 찌르는 창이 되지만
뜻으로 세운 은목서 가시는
자기를 지키는 방패가 된다
나무 밑에 몸져누운
마른 이파리를 줍는다
손을 찌르는 가시가
노성怒聲의 목소리로 박힌다
타협은 포용이 아니라며
말라 쪼그라지면서도
끝내 세우는 정신의 향톨
가시로 만드는 향
만리萬里를 달리는 이유가 있다

날개 수리공

아저씨, 선풍기 날개만 고치세요?
제 날개도 좀 고쳐주세요
360도 회전, 문제없던 날개가
돌아갈 때마다 古家의 녹슨 문소리를 내요
누르면 육즙이 샐 것 같은 날개도
이젠 호두껍질이 되었네요
지상의 먹이에 정신이 팔려
나는 걸 까맣게 잊어서 그래요
아니라구요? 날려고는 수 백 번도 더 했을거라구요?
하긴 하늘을 나는 새만 봐도
죽은 세포에 피돌 듯 벅차기는 했지요

먹이를 모아 놓으면
무지개빛 날개옷 사면 될 줄 알았죠
이젠 먹이는 제 스스로 주인이 되어
날개옷 따위엔 코웃음을 치네요
날려고 할 때가 가장 빠른 때

남들처럼 말로만 속삭이지 마세요
공기에 춤추는 깃털, 소름 돋게 날고 싶어요
아저씨, 이제 통증조차 울 것 같은
제 날개 좀 고쳐주세요

LIVE

연말, 고등학교 동창회에 함께 간다
반을 묻고, 접미사 없이 이름을 부르는
희끗한 머리의 사내들 박람회장이다
벌써 지상을 통과한 성급한 사내의 의자엔
弔文보다 먼저 추억이 앉는다
살아온 이력이 그 뿐이랴만
지난 시간의 껍질 같은 명함을 서로 건넨다
가끔 열등한 사내 뒤에서 병마개가 튀듯
불안은 튕겨 나와 머뭇거린다
30년 전 기대대로,
기대를 져버린, 기대를 넘어선 초로初老들이
기억 화로의 불씨를 들춰가며 웃는다
유년의 햇비늘이 우수수 떨어진다

길은 갈수록 등짐을 젖게 했는지
교차되는 노새의 눈동자엔
자신의 슬픔이 반말이다

저울에 울화밖엔 올릴 게 없는 사내 뒤에
슬쩍 금빛 자만을 올려보는 사내는,
방청객 눈 그물에 잘 잡히는 품종이다
30년 산 우정 한 그릇은
날 받아 기다릴 때가 더 좋았다며
추운 날씨에 입김처럼 서성이는 사내들.
잘 다린 옷을 걸친 사내보다
잘 익은 그늘을 만드느라
이파리처럼 작아진 사내의 등 뒤에
손바닥이 얼얼하게 박수를 치고 싶다

시경詩經을 읽다가 문득

돌이 아니라
굴려버릴 수 없는 마음.
돗자리가 아니라
말아버릴 수 없는 마음이라는 글귀
글자엔 저마다 품고 있는 우물이 있어
뜻 맞는 우물끼리 만나면
열 길 속을 보인다
다 마른 샘 같아도
날이 가면 차오르는 우물처럼
남 몰래 애간장이 탔을
그리고 혼자서 비우다 하릴없이 슬펐을
마음, 뜨거운 가마솥의 감자 같았을 한 여인네
시간에서 불려 나와 내 손을 잡는다

샘 안으로 내린 사다리 길이
같은 사람 만나면
잊고 있던 우물이 출렁거린다

사다리로 내려 갈 수 있는
가장 깊은 곳에서
날마다 하늘을 봤을,
나도 몰랐던 囚人의
흐느끼는 소리, 이제야
들리기 시작한다
아직도 그 우물
다 마르진 않았나보다
바늘로 쑤시는 어깨에
물을 맞고 난 기분이다

그 섬에 가고 싶다

담장 안에 뿌리는 튼튼히 박은 채
꽃이란 꽃, 죄 담장 밖으로 피운
능소화로 덮인 곳
만발한 백화百花는 질 때도 알기에
피어 있는 순간은
누런 외꽃조차 반짝거릴 줄 안다
마음 맞으면 어디고 올라타는
칡넝쿨의 게걸스런 욕망도
가장 자연스러운 게 지배하는
이 섬에선 단지 하나의 생生일 뿐이다

먼지 나는 헌 짐짝 같은 생이
가끔 만나는 단비에 씻기면
자신이 새 부대負袋가 된 듯
달려가 새 술을 담고 싶은 섬
건널 수 없는 바다가 병풍처럼 둘러쳐
돌팔매 당할 사랑도 몸을 숨길 그곳

지도에서 찾으며, 지도 밖에서 꿈꾸는
그리운 신기루
머리 쪽 진 외대머리로
무기한 정박하고 싶은
『세상에서 가장 아름다운 섬, 외도外島』*,
외도外道.

* 경남 거제 외도의 주인인 최호숙 씨의 책 제목.

물 위에서

낯선 credit회사 명함들
초대장처럼 문틈에 꽂아지더니
203호 아가씨 밤새 사라졌다
다들 잠수함을 탔다고 한다
짐이 있던 곳마다 웅크렸을 적요만
텅 빈 방에 잔뜩 몸이 불어 있다
문득, 신문에서 본
새로 제작했다는 잠수함의
이름이 떠오른다, 정지함艦
꽃피는 날의 절정에서
정지된 시간으로 만든 함선이라면
203호 아가씨 분명 거기 있을게다
숨을 조여 오는 진창을 피해
실오라기 희망이 찾아낸 막장에서
문 닫는 소리에도 놀라며 웅크리고 있겠지
사람이 사는 한
불황없이 항진할 잠수함에

새 방명록을 썼을 갸름한 203호 아가씨
“콸콸허게 씻고
싸게 물 위로 올라오시길,
오래되면 인생마저 방전될 수 있다우”
전원이 꺼진 곳으로 문자를 보낸다

사소한 아침

학교에 늦었다고 방방 뛰는
토끼띠 딸을
차의 뒷자리에 태운다
간덩이 부은 쥐띠 엄마가 운전을 한다
한두 번쯤 붉은 신호등
푸르게 색칠해버리며 스스로 색맹이 된다
학교 앞에 와서야
휙, 돌아본 뒷자리
분명 딸을 태웠는데
쫑긋 선 귀, 똥그란 두 눈,
허리를 곧추세운, 토끼 한 마리 앉아 있다
폭력같은 운전을 견딘 불안에
야생의 제 모습이 드러난 게다
누구나 막장에 부딪히면
숨어 있다 드러나는 타고난 띠의 본색
무심히 살다가도 제 안의 동물들이
고개를 내미는 시간이 있다

집으로 오는 길,
지나가는 사람들 모두
12간지 동물들로 보인다
간혹, 알 수 없는 잡종도 눈에 띈다

고로쇠

영하에서 영상으로
이른 봄 변덕, 죽이 끓는다
고로쇠, 아찔한 기복에 진을 빼는 때
일부러 기다려 물 먹으러 간다
나무의 생살 뚫어, 한 방울 두 방울
진액 떨어지는 호스 밑에 앉아
연신 진짜라며 햇물을 훔친다

나무의 뼛골이 노글노글 해진 물로
죄책감 없이 내 뼛골을 채운다
고통의 진액이 이토록 달다니!
사람 골에 이롭다고 사람이 붙여버린
주홍 글씨 골리수骨利樹, 고로쇠란 이름 때문에
천형의 봄을 지낸다

있으나 없으나 불안한 핸드폰이 울린다
이젠 뼈가 닳아 인공뼈

넣어야 한다는 어머니다
연골 없는 어머니
차마 더는 마시지 못한다
내 고로쇠 어머니, 내 어머니 고로쇠……

도미노

한산한 찻집, 철 지난 국화꽃들
병 속에 까맣게 쪼아 있다
순간, 수분이 말라 화장도 안 받는
얼굴에 손이 간다
팽팽함을 허락없이 바꿔버린 얼굴의 주름
고랑엔 호기심 없는 권태가
변색된 사과의 깡치처럼 묻혀 있다

시간을 말려버린 국화꽃 몇 조각
유리잔에 넣어 뜨거운 물 붓는다
절정인 듯 노랗게 피어나는 꽃에
향내까지 되살려낸다
깡마른 국화가 순식간에
한 올의 노란 꽃술까지 살아 어깨 숨을 쉰다
갇혔다 풀리는 마술의 시간이다
우러난 시간의 즙
조심스레 한 모금 넘긴다

늘 마셔도
금세 목이 타는 가문 오지 한쪽에
잊었던 물관이 생긴다
벌써 몸에 촉촉한 물기가 돈는다
갑자기 머릿속에선
잘 생긴 굴렁쇠 기분 좋게 구른다
노란 물감으로 갓 색칠한 국화꽃들
줄지어 환하게 피어난다
도미노, 아주 오랜만의 일이다

나이라는 무기

산길을 혼자 내려오는 주름살 여자
나이가 무기라며 무섭지 않단다
지나치는 무심한 시선에
스스로 접었을 여자의 포기선
절대 혼자 다니지 말라고 답해야 된다는
의무를 읽는다

빨간 등산 양말에 낀 까만 때
아무리 비벼 빨아도 지워지지 않아
없는 혈압에 열이 오른다
이때다, 마음에 시루 하나 앉히며
천천히 나이 세며 비비니
선명한 본색이 나온다

외나무 다리 그 느낌이 치오를 땐
속으로 서서히 나이를 센다
갈수록 나이, 얼굴 두께 비례한다지만

잘 익은 홍시로 익을 수도 있을게다
기운만으론 안 되는 일
찬찬히 매듭 보며 푸는 나이로
나이, 말랑말랑한 무기이고 싶다

영산전이 생생生生하다

사람마다 메고 온 부탁에 눌려
키 작아진 거조암* 오백 나한
오늘은 길목 사과밭에
가지의자마다 불그죽한 얼굴
수줍은 사과 나한으로
미리 영산전 차렸다

따끈한 해의 살로
단살을 만드느라
사과나한, 손 없이 분주하다
대웅전 주인 혼자 두고도 무사태평
저마다 생긴 그대로
얼굴까지 붉어져 파안대소다

탱탱한 과육 한 입 깨물면
오싹한 향법 아마 내 오금을 저밀게다
모를 접어 둥글게 익어 가는 말

아직 내 것은 아닌 말들이
사방에서 시끌벅적 기분 좋게 익는다
오백에 오백, 몇 곱절의 나한들로
이곳엔 이쯤이면 야단법석이 열린다

* 거조암 : 경북 영천, 오백 나한이 모셔진 영산전이 유명, 국보 제 14호임.

고향집

문지방 위에 붙여진 부적
집을 지키는 수문장이다
험상궂은 표정, 얼굴엔 온통 붉은 핏줄뿐
한 번 걸러진 질감 좋은 복들만
어서 들어와 다복다복多福多福 차라고
부적 옆에 또 걸어놓은 복조리
오색의 씨실과 날실로
미리 오복을 걸어놓았다
안방엔 주일마다 찾아가는
코쟁이신神 분소 차리고
조앙에 떠놓은 정화수도
날마다 세수를 시킨다
지금은 마흔 넘은 막내가 쓰던 서랍엔
먼지 투구의 아프리카 토속 신 목각
묵은 책장 속 갈피엔
수명이 다 돼 누렇게 뜬 얼굴의 주문
집안 구석 틈새마다 온통 신들의 영역이다

그 만신전 속
날마다 자식만을 바라보며
서서히 박제돼 가는
신전의 문지기 둘이 사는 집

조양문朝陽門* 앞에서

문이 아침 해를 맞다니?
생전 처음 만나는
문 앞에 서자 내 몸이
햇빛의 들숨으로 채워진 풍선이 된다
너무 무거워지고 수다스러워진 나를
단숨에 비워 가볍게 말의 문을 막는다

초벌의 햇빛옷이
양장점에서 맞춘 새 옷처럼 입혀진다
지금껏 언 기억의 곳간도 일순에 마른다
젖은 그늘에 살수록
간절했을 햇빛을 안다
조양문朝陽門, 화사한 이름 뒤엔
그렇게 살고 싶은 이의 추운 소원이 보인다

아침 햇살이 몰고 온 은빛 물고기
우르르 그물문에 걸려 파닥거린다

갈 지之자 꼬리에 달린 손거울,
그 속에 오한五恨을 말리던 한 선비
경기체가 질긴 후렴으로 세월을 덮는다
아침 햇살을 밀어 올리는 힘, 어제의 석양이 맞다
내게 남은 우울은, 어제 누군가의 슬픔이 맞다

* 朝陽門 : 금성별곡을 쓴 五恨 박성건이 귀향하여 제자들을 기른 영암 죽정서원 안에 있는 문.

용서

아직 일어나지 못한다는 건
제 힘만으론 안 되기 때문이야
프라이팬에 볶이는 콩이
다 익었다 아무리 외쳐도
불을 끄는 건 콩이 아니지

늪에서 나오고 싶은 맘 간절해도
눕혀진 윗몸을 일으켜 세우는 건
내 생각과 바닥이 같을 때겠지
바닥이 마를 때까지
마음은 결코 들키는 법 없이
한동안 잠자코 그렇게 둘 일

몸을 뒤척일 때마다 깊어지는 밤
일방적인 건 용서가 아니지
엄동, 새벽에 잡은 문고리 같은
긴 시간의 회랑을 지났을 때

안에서 문이 열릴지 모를 그런……

제 철을 잡다

일 년에 한두 번
글쎄, 제 몸에 새 물이 오른다는
게를 사러 간다
슬렁슬렁 배를 내밀며 들어오는 밀물 따라
마음의 수위도 덩달아 오른다
아침 눈뜨자마자
텃밭에 나가는 농부처럼
집 앞 바다에 나가 잡았다는
할아버지 어부,
아저씨 어부로 멋지게 포장해주며 태곳적 원시를 산다
야물딱지게 매달린 게 발에서
한 번 더 신으려고 모은 구멍 난 양말 같은
하찮고 부끄러운 기억들을 들킨다

물이 오른 물건 검지 끝으로 건들자
동시에 몇 개의 발들이
선천성 정직으로 생생한 상형신호를 만든다

쑥쑥 오른 물이
몸에 오글거리며 전류처럼 감전된다.
제 철이 된다는 건,
생이 가장 탱탱한 순간이라는 또 다른 호명법
제 철은 아직이라고 믿는 청맹과니 여자 하나가
제 철의 게 맛이라도 보고 싶어
오늘 저녁은 게판을 만들게다

3부

상처로 만든 뗏목

춘수春瘦

신이 보석주머니를 터트렸는지
사방이 반짝이는 봄날
색색의 옷을 입고 오가는 사람마저
움직이는 보석 같다

어디서 봤드라
공항 밖 건물 모퉁이에
쪼그려 앉은 검은 머리채의 소녀
낯설지가 않다
두 어깨를 들썩이며 끌어올린 눈물
재빠르게 닦아내지만
눈물의 속도를 앞지르지 못한다
손가락 사이에 낀 비행기표
어디로 가려던 것일까

화창한 봄날,
바로 눈앞에 보는 내 마음

완자 卍 무늬

깎아 놓은 시간, 사방에 날아다니는
무형 문화재 주인 닮아 키 낮은 작업장
라디오는 종일 제 말만 하고
대패는 말없이 제 일만 한다
주인, 튀어든 자귓밥에 한쪽 눈 바치고도
나무보다 더 좋은 지기는 없단다
날마다 마주보며 푸는 인연의 업장
사람 사이 일만은 아닌가 보다
쭉쭉 탈 없이 자라
무늬 없는 가죽나무일랑 부럽지 않은 주인
산고産苦에 무늬 하나 생기는
원하던 세월 보낸 게다

눈비바람 시간의 흔적
제 몸에 만폭동 폭포로 만든 느티나무,
백발 노장이 손에 눈 달려 미는 대패로
노곤한 시간의 껍질 벗겨진다

오래 쟁여둔 제 상처의 향내를 뗏목 삼아
다른 세상 건너가는 느티나무
좋은 나무, 일생에 한 번도 만나기 어렵다며
이리저리 둘러보며 다듬는 손길,
천리마 알아보는 백락佰樂의 손길이다
장인의 후예, 아들 삼형제 빙 둘러싸니
그 환한 장례에, 시간도 취해서 넘어 간다

노파老婆의 시간

바랠 빛조차 남아 있지 않은
낡고 큰 등산 가방이
새벽 첫 지하철을 탄다
끌고 온 시간의 맞바람이
빈틈없이 새겨 놓은
주름의 역사도 따라서 존다
졸다가 본능처럼 일어나 내리는
양동시장역
지금 버려도
시원찮을 등산 가방이
3옥타브의 계단을 오른다

오늘도 시장 귀퉁이에서
한 번도 주목받지 못한
자신의 생生같을, 좌판을 벌이겠지
반전反轉도 씨가 말랐을
덤 같은 하루는

문신 하나 더 새겨주는 조각도나 될 뿐.
젊었던 시절의 전리품처럼
빼죽이 보이는 빨간 내의,
추억처럼 보풀이 일어나 있다
이승과 저승, 분별없이 동숙된
썰물이 지나간 갯벌 같은 얼굴
온 몸에 신기까지 꼬박 한 생이 걸렸을 게다

세상에, 근다고~*

가지, 까맣게 된 제 애간장을 닮은 채 서 있는
공원의 모과나무
사방에서 받쳐주는 정情으로 서 있다.
누군가 죽었다고 가지를 툭 꺾어버린다
곁에 선 아줌마, 가늘게 뜬 실눈에서
'세상에, 근다고~!'를 쏟아낸다

'세상에, 근다고~'
칼바람 불게 돌아섰다가도
차마 십리를 못 가게 발목을 잡던,
아무리 모진 마음도
하루 재인 고기처럼 순하게 녹여 주던,
그 찐득애잔한 사투리
남의 보이지 않는 속
희한하게 제 속처럼 보이게 해주던 말이었지
죽을 때조차
죽기 싫은 이유가 돼 줄 그 말을

'세상에, 근다고~!'로 풀던
서러운 시간의 파랑이 일렁댄다
'근다고~!', 뒤 끝에 달린 굽이진 여울목은
자기 생 굴곡만큼의 이력으로 부른다

모과나무 그림자까지 꺾어진 가지
가만히 쓰다듬어 준다
모가 난 시간들이 둥그레 진다

* 세상에, 근다고 : '어떻게 그런다고' 라는 뜻의 전라도 사투리.

타임thyme*

타임을 만지자,
신화로부터 숙성된 시간이
손에 알싸한 박하향으로 남는다
트로이 왕자에 비운까지 보태 사랑한,
헬레나의 눈물이 타임의 이력
오래된 슬픔이 마르면
푸른 향기가 되다니

타임, 타임,
햇빛 속에 주저앉아
세월을 되부르는 호신胡神의 주문인 양 외워본다
콩콩만한 잎새,
제 이름 아는 듯 쫑긋거린다
작은 이파리 하나하나
혹, 달고 쓴 시간의 압축파일은 아닐까

타임, 한손에 가뿐히 들어진다

오래 걸은 여행자 신발에서처럼
모래가 떨어진다
타임 앞에서
잎사귀나 만작거리며
나의 전생이나 헤집어 보는 건
아주 소소한 일일 것이다

* 타임 : 꿀풀과에 속하는 허브의 한 종류, 일명 백리향.

오래된 고백

깨진 유리 화병이 된 마음으로
합하기 전 수십 배는 더 외로웠을
불회사 연리지를 찾아 간다
가는 길, 돌부리가 생의 각주脚註들 같다
영혼의 바닥까지 알고 싶을수록
존재의 밑창은 잘도 보여서
하룻밤에도 몇 번씩 절벽에서 돌아눕는다
목탈 때 마시던 청량음료 같던 인연에
다신 목 마르지 않을 우물물
찾아 헤매던 사마리아 여자가 된다

밀교사원에 새겨진 체위 하나로
산비탈에 연리지가 서 있다
시간 앞에 변하는 지상에서
시간을 이겨버린 정사情死에 통쾌해진다
보인다, 그 속에 사마리아 여인의 붉은 고백이
손가락질 받던 지난 방탕,

방부제 없이 맞댈 사내 찾기 위한
목 타는 여정이었다는.
내겐 힘든 고백이, 남에겐 변명이 되는 소통도 있다
극에서 극을 찾은 사마리아 여인
내게 자기복제의 욕망을 부추긴다
마음에선 속편처럼 계속되는 가출, 아직 완결편이 없다

요가원에서

오늘도 요가원에 간다
몸빼 입은 시골 아낙네들
비상소집한 것 같다
잘 쓰지 않는 근육을 깨운다는 요가
날마다 석회가 늘어나는
삶의 세포들까지 깨울 수 있을까
타오르는 방향만 아는
마음 속 욕망도, 사요나라*해질 수 있을지

그곳에선 몸으로 쟁기질도 한다
물고기도 되고 사자도 되는 몸,
미끄러지듯 날랜 물고기가 되려면,
조금 더 젖혀야 될 어깨
갈기를 휘날리는 사자가 되려면,
조금 더 굽어야 될 허리
제 삶에서 굳었던 자세들 고백하듯
어설픈 물고기

되다만 사자들
40대의 새치처럼 끼여 있다

빨리 짊어진 짐 탓인가
이젠 절로 손이 가는 어깨
노곤한 여정에 항상 뻐근한 다리
물먹은 세월에
쉽게 열 받는 마음의 시신경
오히려 너무 많이 쓴 근육이 문제다
난, 그들을 달래러 오늘도 요가원에 간다

* 사요나라 : 요가의 한자세로 하던 자세를 풀고 쉴 때 쓰는 용어.

벚·꽃·이· 피·었·습·니·다

이삿짐 속에서 툭 떨어지는
잘 익은 봄밤의 흑백사진 한 장
사진 밖의 사람들은
제각기 저물었는데
사진엔 정지의 주문이 걸려 있다

가난한 가족의 봄나들이란
벚꽃 우거진
무료입장, 시민공원에나 가보는 것
옆구리를 찌르는 어미 덕분에
먹고 싶은 것 있냐는 아비의 말에도
일곱 살 딸 아이, 솜사탕이라 차마 말하지 못했네
멀리서 보면 둥둥 뜬
솜사탕 같은 밤 벚꽃
아니, 양철통 속에서 둥글게 피어나던 벚꽃
구경만 했네
그날 저녁 밤새 비가 내리고

벚꽃도,
못 다했던 말도
뚝뚝 떨어졌지

기억으로 박은 못은
녹슬 줄을 모른다

복암리 고분古墳* 병원

사는 일 옹벽에 갇힌 듯
한 치도 안 보이는 날엔
사방 어디 나무 한 그루 없는
복암리 고분古墳병원으로 가자
참다, 참다, 달 밝은 한밤을 기다려
고분 위로 쓱쓱 기어 오르는거야

큰 소리 치던 마한의 왕족 발밑에 두고
천천히 거만한 뒷짐도 져보는 거야
한참을 고분의 꼭대기에서 소리 지르다
그대로 엉엉 울어도 좋지
잘 물든 달빛 한 폭
한 필의 광목처럼 감쌀 때
바람은 툭,
깨처럼 잔시름 털어 갈거야

시간 빗장 채워진 가두리 고분에선

빛나는 회고사만 밤새 들려 줄거야
고분엔 없는 오늘이란 새벽,
붉은 피돌기 시작할 때면
아마 콩당대는 심장이
사는 일 처음인 듯 벅차게 뛰어 줄거야

* 복암리 고분 : 전남 나주에 있으며 3~7세기까지 약 400년간 사용된 사적 제404호 고분.

자웅동체

벚꽃은 말하고 싶었을까
고통과 기쁨,
결코 어깨 걸 수 없는 극과 극의 단어
서로를 빛내주는 양면의 무늬라고

하고 싶은 말의
조각처럼 떨어지며
자진하는 낙화를 본다
조금 더 오래 피기 위해
조금 더 속내 깊어지려고
허다한 날 참았을 내밀한 고통
오늘 대명천지에 환하게 절창으로 내뿜는다

화르륵 꽃처럼 지나간
내 사랑이 그랬다
붕붕 가슴 속 넘나들던 말들 채집해
미리 약속이란 돌로 눌러 놓았다

눌러놓은 자리에선
먹어도 허기진 고통과
소진해도 차오르던 기쁨의 자웅동체
날마다 꽃뱀처럼 함께 똬리를 틀었다

벚꽃 흐드러진 여기
우수수 떨어지는 그 밑을
걸어가는 또 다른 자웅동체들.
지천으로 널린 딴 세상 같다
아, 내가 왜 숨이 막힐까

용천사 석등*

바람조차 걸림 없을
말 한마디, 지상에 보이고 싶었을까
용천사 대웅전 옆
한 몸의 꽃과 잎이 서로를 모르는 꽃무릇보며
하고 한날 돌을 쪼았을 석공
꽃불로 밝히는 석등,
만나고 싶은 잎의 캄캄한 흔적이다

석등 아래 자신의 이름처럼 새긴
몇 백 년을 걷고 있는 새끼 거북
그 속엔 개안開眼에 목이 마른 눈먼 석공이 산다
버티는 뒷다리, 오르려는 힘줄까지 보이는
새끼 거북의 환한 피로
엉덩이라도 쑤욱 밀어 올려주고 싶다

석등 위로 단숨에 날아오르고 싶은
거북아, 거북아,

오목가슴에 걸린 것
녹이려 용만 쓰다 지나가는 하찮은 하루도
새끼 중생의 걸음마라면
끝이 보여야만 길은 아니지?

* 용천사 석등 : 전남 함평, 꽃무릇으로 유명한 절의 경내에 있는 조선 숙종 때 석등.

어떤 항해

불에 오른 군밤처럼 투덕대며 사느라
옆구리, 부레 같이 붙은 부아는
주부 노래 교실의 신분증
화요일 왕년의 꿈들로 기름을 넣고
한 시간 왕복 유람선을 타는 날
걸머진 나이는 도마에 올려
원한 만큼 자르면 시동이 걸린다

배 안엔 열일곱 소녀 천지가 되어
무시로, 꽃을 든 남자까지
밧줄로 꽁꽁 단단히 묶어버린다
재만 남은 속병, 쑤시는 신경통
김치 국물 묻은 바지도
개운한 세탁이 된다

피아노시모, 포장한 내숭의 껍질은 던져버리고
속 불의 화력火力 따라 커지는 포르테 포르테시모의 소리

폐경이 된 아줌마
그때조차 그립다는 할머니도 끼어
스트레스 한 그릇 맛있는 점심으로 비운다
돌아와 다시 힘 좋은 일상에 끌려가도
이젠 부기가 빠져 잘 돌아가는 팔자걸음
눈엔 반짝 낮별이 뜨고
입새에선 음표들, 슬금 머리 내민다

도배를 하다

이사를 해버린 방
가려진 장롱에
햇빛 한 조각 궁했을 습습한 곳,
물 만난 고기 같았을 곰팡이가
벽에 제 발자국을 보인다
오래 걸렸던 액자는
제 몸으로 버텨낸 뒷자리가 선명하다
기억에도 저렇듯
시간이 지우개가 되지 않는 자리가 있다
아무데나 묻은 손때의 농담
갈겨쓴 낙서와 전화번호
묵은 시간들 위로
하얀 새 시작을 바른다
모서리와 모서리가 만날 땐
서로 잘 겹쳐줘야 한다
서로가 낯설어 들썩거리며 올라올 때야
사는 일 도배 같아

조금은 쓸쓸한 손길로
다독대며 앉힌다
아물기 전 또 다친 기억 같은
울퉁거리는 벽에도, 새하얀 벽지를 바른다
면 오지 한 쪽이 환해져 온다

고구마 선사禪師

옆집 친구네, 유리컵 안 고구마의 초록 우산이 한 일가를 이루고 있다 금방 순이 올라온다는 말에 혹해 따라 해본다. 햇빛이 잘 드는 창틀에 올려두고, 물을 갈아주길 한 달, 한 소식도 없다. 종일 물속에 있어서일까, 고구마 피부엔 오싹 소름만 돋는다. 날로 수척해지는 고구마, 가늘어지는 허리, 그냥 썩어가고 있는 걸까

어느 날 아침, 거뭇거뭇한 몸뚱이의 소름, 죄다 푸른 순으로 일거에 돋는다. 한 입으로 부르는 합창, 키로 만드는 음계, 순간의 코러스에 취해, 하고 싶은 말보다 아는 말이 턱없이 부족한 돌배기 아이가 된다. 오래 참았다 돋아나는 노래, 누군간 殺母의 노래라고 하겠지

싹트기 틀렸다, 참을성 없어 너무 쉽게 버린 꿈, 핑계 많은 내겐 늘 꼬이다 만 뫼비우스 띠다. 끝내 부화되지 못한 알이다. 신열이 오른 오늘 밤 꿈엔 움트지 못한 순들 자라 보란 듯이 담을 넘게 하리라. 그제야 내게도 보이는 담 밑,

키 작아진 해바라기 어머니.

4부

가볍고 쓸쓸한 반짝임

불이不二

불이.
솔선수범
제 몸부터 보여주는 게
과연 불경이다

팔만대장경 만들 때 나무,
같은 종種이 아니라
여러 종種을 썼단다
서로 다른 나무의 장단점이
자연 최고의 방어벽이 된단다

다름이 하나 되면
서로 썩지 않고 하나 되는
불멸, 그 속에 있단다

거울을 보며

미간 사이 제법 깊어진 주름이 보인다
짜증 10 큰 술, 신경질 5 큰 술 버무려
화火로 굳히길 얼마나 했을까
벌써 눈 밑에 잘디 잔 실도랑
날만 새면 지점支店을 늘리려 한다
아침저녁 숙제를 하듯 바르는
레티놀 크림,
속 타는 마음에 안정제나 될 뿐.
통과의례,
얼굴엔 주름줄기 생기고
숙성된 줄기마다 저승꽃도 피리라
후렴도 추임새도 없이, 예고 없이 끝날
단 일회의 그날을 늦추려, 아니 없앨 것 같다며
세상엔 온통 강을 거슬러 오르려는 연어떼 천지다
주름 때문에, 주름잡고 사는 인조연어 제조장 주인
기웃대는 연어 한 마리, 조만간 늘어날지 모른다
일소일소一笑一少, 남에겐 권하지만

삭제될 그날까지 팽팽한 연어이고 싶다

흔들림을 위하여

수분이 부족한 속내
숨기지 못하겠던지
점점 한쪽 다리가 짧아진다
재작년 샀던 나무탁자 길일을 택해 기우뚱거린다
이쪽을 누르면
저쪽이 내려가는 시이소오 탁자
하루에도 몇 번씩 오르락대는
주인의 마음 닮은게지
늙을수록 흔들릴 일 없는
평면의 시간보다
아직도 흔들리는 지금이 좋다며
다시 한 번 쿵덕, 탁자를 누르자
바로 온 몸으로 맞장구 쳐주는 분신탁자.
다리 밑에 괴어준 종이
때때로 슬쩍 빼내 버린다
처음엔 흔들릴 때마다 불안했지만
바람이 있어야

열매도 꽃도 맺을 수 있겠지

산악자전거 타다

핸들, 팽팽한 활시위를 느낀다
쑥쑥 밀려가는 풍경의 속도
바람으로 빵빵해진 웃옷
기가 찬 삶, 순간 실감이 난다

팍팍한 오르막의 하루
세월의 포대자루에 들어가면
삶은 내리막으로만 굴렀지
중심을 잃어 다친 얼굴의 흔적
마음을 들킨 양 고개 숙인다
속도가 붙은 구부린 등 위로
서서히 잃었던 날개가 돋는다

머리에 헬멧을 눌러 쓴 채
제 시간 같은 옹색한 샛길을 벗어나
탄탄대로를 달려 나간다
길가 배롱나무 지날 때쯤

생채기 하나
휙, 바람에 날려 보낸다

뒷바퀴에 이는 먼지처럼
한 짐의 삶도 그렇게 받아들인다
경쾌하게 앞길을 만드는 자전거 바퀴에
처음 타던 세발자전거 유년이 따라 나온다
새로 녹화를 시작한
생의 공 테이프 같다

유혹

— 어느 사제에게 바침

화살이 시위를 떠났다
이미 갈 곳은 정해져 있는데
제가 쏜 것이라 믿는다
화살은 먼저 저를 쏘고 갔음을 잊는다

갈매나무의 아슴한 우듬지는
태초에 네 것이라, 속삭임.
스스로 산 제물이 되어
길에서 길 잃은 양떼를 부르다
목이 쉬어버린 한 사내의
머리가 희다

딱 하루 하루분의 숨이 모여야
무궁으로 이어질 줄 알기에
기꺼이 숨 타 보낸 황홀한 시간
눈 쌓인 신 새벽 미사,
다리도 이제 짐이 된 사내가

제단에 엎드린다

가끔은 머리를 쳐든 적도 있었을게다
부메랑이 된 한 사내를 닮으려다
꼬박 한 생이 이젠 조각보가 되었다.
보기 좋은 추수꾼 다 된 얼굴 하나가
검은 수단 큰 주름 속에 묻혀 있다
머언데서 나리꽃 가락, 눈물이 보였을까

반짝거림에 대하여

종일 혼자서 고된 농사 일
하루의 끝 종 같은 별 끝에
날마다 가슴을 찔리며 돌아왔을
청상에 다섯 자식을 둔
배다른 이모
어제 시골 작은 절에서 할머니로 만났다

무릎이 아플 때마다
무너지는 뼈에 지줏대처럼 꽂았던 금침,
요번에 대처에서 찍은 엑스레이에서
별처럼 반짝거렸단다
다리가 반짝이도록 꽂은 별의 시간
자식은
금이면서 침인 양날의 날개였을 게다
연금할미는 바늘 같은 고통을 금으로 만든 것이러니

무너지는 생엔 도리가 없는지

시간의 옹이가 보이게 웃는 이모의 얼굴에서도
파 란 만 장
생의 긴 담벼락에 꽂힌
조금은 가볍고 쓸쓸한
사금파리들이 반짝거렸다
바다, 햇빛으로 소금을 만들듯
고통을 녹여 만든 반짝거림은 엄숙하기만 해서
베인 상처에 소금을 뿌린 듯 아렸다

말차

대거리하고 싶지만 꾹 참았던 말의 칡넝쿨
자꾸 목에 걸리던 말의 가시,
하루내 귀의 그물에 걸린 말의 꼬리들이
명치끝에 얹혀
자꾸 되새김질을 시키는 날엔
잘 녹은 말차를 마신다

어느 양갓댁
놋그릇의 푸른 독을 긁어다
말려 모은 듯한 찻가루 풀어
살아온 속도 그만큼으로 다선茶筅을 젓는다
부질없다, 부질없다,
흰 거품 고명처럼 올라오면
잘 풀어진 푸른 말의 바다를 마신다

일어나려고 용을 쓸수록
더 늪에 빠지던 하루분의 통증이

물 만난 고기마냥 기분 좋게 빠진다
얹힌 하루 그렇게 쑤욱 체 내려 주곤
생색도 없이 녹아 없어지는
그 희안한 공양
오래 정전停電이 된 오지에
화안花顔한 등이 켜진다

가족

새로 입주한 아파트 단지
옵션처럼 생긴 초등학교, 이름이 불로不老란다
불로, 도대체 늙을 줄 모르는 병아리란
저주일까 복일까, 내 생각을 아는지
딸아이 대뜸 그 이름이 좋단다
좋아하는 가수, 타불로의 학교 같아 좋단다
옆에서 불로를 몰라 뚱배가 된 남편
식당이면 모를까, 학교이름은 그렇지, 시큰둥이다
같은 집 한솥밥 먹어도
제 수준에서 꾸는 동상이몽

"함께 살면 당연히 똑같아야지"
목숨 건 격투의 세월, 순간 주마등처럼 흐른다
휘황한 오색등
교류로 켜지는 걸 알기까지,
씨방 하나에 든 여럿의 씨앗
나름대로 눈물겨운 줄 알기까지

우릴 버티게 했던 질긴 불로의 네트워크
줄에 기름을 먹이듯
몇 번이나 잇댄 매듭이어야
튼튼해지는 네트워크도 있다

적벽가를 듣다

자룡의 호령에
순풍에 돛 단 배, 도용도용* 떠나간다
소리꾼 입에선 점점
거센 물결 용골차게 뿜어 나온다
가끔 아니리는 쉬어가자며 딴청을 떤다
그렇게 장단이 섞여 세월은 한 필의 베를 짤게다
내게 슬픔의 걸음은 진양조만 같은데
남의 기쁨은 자진모리로 몰아주는
고장난 저울 같은 세월
붉은 홍포의 조조 반생반사半生半死 도망갈 때
얼굴이 빨개지도록 웃는 배역이 있을 뿐
꼭두각시 한 통속이라며 뱃길에 눕는다

엇모리로 바람이 몰아 온다
세상은 먼저 바람을 가진 사람의 차지
승자는 동지冬至에도 동남풍을 만든다
패자에게 파발은 뒤늦은 반성문의 소재일 뿐

휘모리로 패자를 휘몰아 칠 때
소리꾼의 숨이 바람처럼 잦는다
이번엔 아니리가 설렁거리며 바람을 재운다
항상 파랑주의보만 치던
질기고 가파른 생의 파고들이
따라서 도용도용 키를 낮춘다
수위를 내린 세상이 오랜만에 손을 내민다
늘 조이던 마음의 나사가 방향을 바꾼다

* 도용도용滔溶滔溶 : 넘실넘실.

마이너리그 신화

알에서 누가 태어났던가 말았던가 하는 때
억세게 박색이라 고독한 여자가 있다
어떤 사내도 쳐다보지 않는다
날마다 슬피 울며 지내다
죽은 자리에 돋은 풀
허브, 단단한 슬픔으로 만든 향기

그 후부터 누구든 허브에게는
코를 들이대고 숨을 쉬다가
슬쩍 입술을 대고
나중엔 온몸을 쓰다듬게 했다
기억은 없어도 불안은 남는지
만져준 손바닥마다 따라붙는 향기

허브에 맺힌 밥풀만한 하얀 꽃
아직 덜 마른 눈물인 줄 알아본다
눈부신 신화 뒤

숨은 그늘까지 보이는 건 다만 신통력?
불현듯 내 전생이
오싹 두려워진다

감탄 교습소

속내를 앙 다물고 참기만 했을,
덮어씌운 이 속에 고름이 들었단다
치통, 머리까지 올라가 꿈틀거리고
온 신경마다
복리로 불어난 아메바가 춤추는 것 같다

성큼 들어선 치과,
의사, 간호원, 손님으로 이어지는
'아아' 돌림노래
난데없는 '아아'가 공중을 떠다닌다
악성 아메바 구강에 거주하는 자들이
받은 처방은 모두 다 같다
벌린 입모양도 수시로 교정한다
감탄의 발성 연습, 아
고통스러울수록 더 열렬히, 아아
악성일수록, 아아아
감탄? 미원 같은 삶의 양념이라면

절대량이 부족했지
날마다 삶은 불만 있고 재료는 없어
가슴에 부글부글 맹물만 끓였지

반짝이는 금이빨로 다시 날 때까지
아!, 아—아-아!
구충 아메바, 잊은 생의 감탄
원 없이 부르게 한다
부르다, 콱콱 목이 메인다
오래 참았던 눈물이 솟는다
아아, 대단한 치통!

개선사지 석등*

신라 경문왕,
아득한 기억통을 제 몸에 새긴 개선사지 석등
절은 사람 따라 사라지고
오롯이 저 혼자 남아
잡초사원 주지로 성업 중이다
아무도 훼방 놓을 수 없는 화엄세상이
제 모습대로 넘실댄다
연대에 이름과 소원까지
석등에 문신으로 돼버린 글씨
시간을 오르듯 손가락으로 따라가 본다
사람 사는 세상 언제나 같았다며
오래된 시간이 현자로 답答한다
꼿꼿하게 세로 선 단단한 이력서
변하지 않는 것은
변하는 것 속에서야 오롯이 빛난다는
오랜 면벽 끝 절로 득도한 선승이다
사는게 막막해져 찾은

캄캄한 대낮에 한 소식 불을 켜준다
다리 풀린 기운 태엽처럼 감아주며
산 자들의 세상으로 나오게 했다.
천년 먹은 석등이 명의가 된 적이 있다

* 개선사지 석등 : 전남 담양군 남면 학선리의 석등.

베르누이 효과

돌아올 탕자가
아예 돌아갈 고향을 잃어버린 날

'나뿐이지?' 만만했던 애인에게서
'너 말고도!'를 알아버린 날
답이 보이는 인연은, 정리를 잘한다며
보기 좋게 변심을 덮는 남자
앞에서 속수, 무책인 그날

날마다 세 잎 클로버의 연속, 고맙지도 않아
한 번쯤은 비온 뒤
생또름한 네잎클로버를 만나고 싶은 날

허허슴슴 봄 밭의 무같은 마음
아무도 누…눈치 못채서
구멍 하나 더 뚫려버리는 그날

세상이 모두
나에 대한 너라면
그때 오라, 베르누이의 형제여
버선발 바람을 데리고 남쪽에서 달려오라
난 한 장의 빨간 종이가 되어
무조건 증명해 보고 싶어
어서 훅, 데리고 증인으로 달려오라
더 기다리기 싫어 파란 종이를.

* 베르누이 효과 : 종이를 맞대고 그 사이로 바람을 통과시키면 종이가 달라붙는 현상.

부처님 오신 날

부처를 만나면
부처를 죽이라는 도법이
한 말씀하신대서 증심사에 갔지
한 말씀 화살처럼 지났는지
그림자조차 없더군
시절인연 탓하며 오는 길
다리는 왜 그렇게 팍팍하던지

집에 오니 드디어
관음죽, 첫 촉대가 벌어져
칼 같이 쩡쩡한 설법을 펴시대
그 옆에 무심히
이파리만 내던 스파트필름,
하얀 고깔 쓴 비구니꽃
때 맞춰 보내니
작은 절 한 채, 집 안에 세워지더군

한 2박3일 문호, 개방하고 싶어지데
증심사 발품 덕에
눈떠지는 무명 아니겠나
졸지에 맞는 우화雨花가
마음에 살랑 연등을 켜더군
얼마나 가겠느냐 지켜보는
또 다른 내가 있지만 말이야

해설

일상의 틈새 비집기

신덕룡 시인 • 광주대 교수

일상의 틈새 비집기

신덕룡 시인 • 광주대 교수

1.

일상은 잘 정돈된 길이다. 매일 아침저녁으로 왕래하는 길이고 가끔씩 산책하듯 걷는 길이다. 주변도 역시 낯익은 풍경이다. 그 풍경을 이루는 것들 또한 편하게 제 자리를 잡고 있다. 너무나 낯익어서 눈을 감아도 길가에 구르는 돌멩이며, 휘어진 나뭇가지며, 굽은 길이며, 길가에 옹기종기 붙어 있는 집들이 하나하나 선명하게 모습을 드러낸다. 약간의 변화라도 있다면 누구보다 빨리 알아챈다. 모든 것들이 제자리에 있는데, 유독 눈에 띄기에 그렇다. 이렇듯 일상이란 자신을 둘러싼 세계요, 그 세계 속에서 자연스럽게 반복적으로 살아가는 일이다.

문제는 이런 삶이 익숙하고 편해서 벗어나기가 쉽지 않다는 점이다. 그러나 문득, "매일매일 반복되는 이런 삶이 행복한가?"라는 질문이 저도 모르게 튀어나오는 경우가 있다. 질문 앞에서 편할 리 없다. 조금 전까지 친숙했던 것들이 낯설게 다가오고 반복되던 일들이 지겹게 느껴진다. 그렇다고 이 길을 벗어나 샛길로 접어들 용기는 없다. 길을 벗어나는 순간, 낯선 풍경과 미로에 사로잡혀 금방 불편해진다는 걸 잘 알기 때문이다. 그럼에도 불구하고 불편을 감수하려는 마음, "이것은 아니다"라는 자각이 시를 쓰게 만드는 것은 아닐까? 이숙현 시인의 경우도 마찬가지다. 그의 시의 대부분은 일상과 반성적 사유의 틈새에서 발아하고, 싹이 트고, 가지를 뻗는다. 틈새를 벌릴 때마다 익숙했던 사물과 사람이 낯설게 다가온다. 즉 시인의 눈에 포착되는 것들은 갑자기 생소한 모습으로 우리에게 다가와 우리의 평온한 삶에 충격을 가한다.

2.

이숙현 시인의 첫시집인『영산전이 생생生生하다』는 일상을 뒤집어 보려는 노력의 소산이다. 그렇다고 일상을 뒤엎어 새롭게 만들거나, 완전히 다른 시각을 통해 우리를 낯선 길로 끌고 가려고 하지는 않는다. 반복적 일상에 대한 반성 위에 새로운 이념이나 태도를 요구하지도 않는다. 다만, 일상의 틈새를 벌려, 우리에게 익숙한 것들을 다시 한 번 찬찬히 들여다보자고 손짓하는 극히 겸손한 태도를 보여줄 뿐이다.

우선, 주체와 객체의 전도현상을 통해 사물화된 삶을 보여주는 다음의 시를 보자.

> 우리의 보금자리가 첫 문을 연 날
> 19851124
> 아차, 끝자리 4를 잘못 눌렀다
> 문은 진실로는 열리지 않는다
> 문 안의 구성원이 아니라고 세 번을 운다
> 다시 한 번 기회를 줄 때까지
> 얌전히 반성하며 기다려야 한다
> 띠리릭, 주문을 맞추어야 열어주는 문
> 딸그락, 잠가주는 문이 어느 틈에 주인이다
> check로 마음 졸이던 하루는
> 집 앞에 와서까지 검증을 거친다
> 다시 누른 후 잠깐의 순간, 맘이 조인다
> 이러다 문이 갑자기 치매라도 걸리면?
> 제 몸에 맞으면 누구든 순하게 열어주던
> 열쇠뭉치, 아직도 가방 안에 있다

증거가 있어 안심이 되던 아날로그의 세계보다
암호로만 통하는 디지털 세계
출구를 모르는 미로처럼 은밀하고 불온하다

생의 문은 도대체 무엇으로 짜진 문이기에
주인은 아직도 낯선 방문객이 되어
정해 본 기억조차 없는 주문만 뒤적거리고 있을까
—「아웃사이더」 전문

시에 드러난 사건은 간단하다. 새로 이사한 집에 암호키를 달았는데, 끝자리 번호를 잘못 눌러 열지 못했다는 것이다. 열리기는커녕, 마치 '낯선 방문객이 아니냐'는 듯이 경고음을 내보낸다. 내 집이지만 집을 지키는 것은 자물쇠이고, 자물쇠가 주인이라는 듯 행세를 하고 있다. 누구나 한 번쯤 경험했을 일이지만, 잠깐 기다렸다가 제대로 번호를 눌러 아무렇지 않게 문을 열고 들어갔으리라. 그러나 시인은 이런 사태가 예사롭지 않게 느껴진다. 이유는 의외로 단순하다. 아무렇지 않게 '잠깐' 기다리는 동안 시인은 무심코 하는 행위 속에 숨어 있는 진실을 떠올린다. 시인이 "check로 마음 졸이던 하루는/ 집 앞에 와서까지 검증을 거친다"라고 하듯, 우리네 삶 자체가 끊임없이 확인check당하고 있다는 인식이다.

따지고 보면 후기자본주의 사회는 모든 것이 디지털화 되어 있고, 이런 상황에서 우리 모두는 누군가의 시선 속에 살아가고 있다. 아파트 단지를 나서는 순간부터, 길거리를 걷고, 사무실에 들어서고, 마트나 백화점의 매장에서 쇼핑을 하는 내내 감시카메라의 눈길을 벗어나지 못한다. 아침부터 저녁까지의 일거수일투족이 나도 모르는 사이 기록되고 있는 형편이다. 따라서 우리의 일상 속에는 아니, 무의식까지 누군가에 의해 확인되고 인정되는 삶을 살아가는 것이다. 그럼에도 불구하고 우리 대부분은 이런 일은 당연하다는 듯, 대수롭지 않게 여기고 지나다닌다. 이런 불편한 진실 앞에 시인은 내가 삶의 주인인가? 라고 묻는다. "생의 문은 도대체 무엇으로 짜진 문이기에/ 주인은 아직도 낯선 방문객"이 되어 있는가라는 질문이다.

삶의 주객이 뒤바뀐 상황에 대한 인식의 이면에는 주체의 입장에서 나를 바라보고 생각하려는 존재의 전환의 의도가 담겨있다. 삶의 주인으로 살고자 하는 의도이다. 이를 구체화하려는 시인의 태도는 가장 익숙한 것을 뒤집어 보고, 그 속에 숨어 있는 의미를 캐내려는 탐구자의 자세를 닮을 수밖에 없다.

① '그래도'로 바꾼 렌즈에는
보이는 세상이 다르다
먼 산 보는 일 잦아지고
젖은 단어의 뒷등도 보인다
노안, 이제 아파트 평수보다
마음의 평수 늘리라는
자연의 처방전 같다
지금껏 끼었던 근시의 렌즈
쭈뼛거리며 반납한다
이제 새 렌즈의 바탕색은
자스민향 온정이다
—「안경점에서」 2연

② 날개 자국을 감춘 파스 빼죽이 보인다
누가 또 달고 쓴 인생을
배달해 달라는지
화장발 뒤로 모인 피곤이, 비늘처럼 떨어진다
내리꽂다 치닫다 예측불허 飛天舞에
지상에서 사는 일 실감나는지
오토바이를 탄 엉덩이가
연신 끄덕이며 응답을 한다

—「천사」 2연

①의 시는 근시와 원시 사이의 틈을 비집고 드러내는 존재전환의 모습을 보여준다. 근시/ 원시의 관계는 욕구/ 욕망의 관계로 전이된다. 욕구가 "눈앞의 떡"을 향한 동물적 감각이라면, 욕망은 보다 심리적인 차원이다. 다시 말해서 눈앞의 이익에 따라 사는 삶이 아닌, 삶의 이면을 들여다보고 이를 통해 "마음의 평수"를 늘이고자 하는 소망이다. 시인은 단지 '안경'을 바꾸는 행위를 존재전환이라는 상징적 국면으로 확장하는 것이다. 따라서 노안老眼은 자신의 삶을 헤아리는 혜안慧眼의 의미를 지니며 우리 앞에 다가온다.

②의 시는 '천사다방'에서 차를 배달하는 여자를 소재로 한 작품이다. 여자는 털털거리며 달리는 오토바이 뒷좌석에 매달려 간다. 시인은 이 여인에게 '천사'의 이미지를 덧씌우고 속내를 짚어간다. 우선, 이 여인이 배달하는 것은 "달고 쓴 인생"이다. 잠시나마 누군가에게 위안과 휴식을 주는 '천사'이지만, 실상은 다르다. 천사의 겉모습은 "화장발 뒤로 모인 피곤이, 비늘처럼" 떨어지고, 덜컹대는 오토바이에 연신 엉덩방이를 찧는다. 천사의 이미지는 역전된다. 연민이다.

두 편의 시에서 드러나는 공통점은 다름 아닌 존재의 확장이다. 존재의 확장이란 '나'의 변화를 전제로 타인의 삶을 내 삶 속에 포용하고 감싸는 일이다. 일상에 매몰된 '나'를 발견하고, 새로운 눈으로 세상을 보는 일이다. 그렇기에 좌판에서 씨앗을 파는 노파에게서 듣는 "지 혼자 시상에 나온 게"(「씨앗 장수 할머니」) 없다는 전언이나, 고로쇠 물에서 느끼는 "고통의 진액"(「고로쇠」)이 아프게 다가오는 것이리라.

3.

일상 속에 매몰된 '나'를 끄집어내고, 뒤집어 보고, 주체로서의 삶을 확인하고, 이를 바탕으로 존재의 외연을 넓히려는 노력은 구체적인 대상과 감각을 통해 드러나고 있다. 시집 곳곳에 편재되어 있는 부동산 경매 강좌(「황금낚시」), 안마를 받는 곳(「시각장애 안마사」), 동창회(「LIVE」), 주인 없는 집(「물 위에서」), 시장 귀퉁이(「노파의 시간」), 주부 노래 교실(「어떤 항해」), 이삿짐(「벚꽃이 피었습니다」) …… 등이 그것이다. 삶을 구성하는 모든 장소와 사물들이 시인의 눈을 통해 새롭게 드러난다. 반성, 연민, 고통의 세계다. 그렇기에 시인은 여기서 한걸음 더 나아가 벗어나기를 꿈꾸기도 한다. 새로운 세계에서 다른 삶을 꿈꾸는 것이다.

담장 안에 뿌리는 튼튼히 박은 채
꽃이란 꽃, 죄 담장 밖으로 피운
능소화로 덮인 곳
만발한 百花는 질 때도 알기에
피어 있는 순간은
누런 외꽃조차 반짝거릴 줄 안다
마음 맞으면 어디고 올라타는
칡넝쿨의 게걸스런 욕망도
가장 자연스러운 게 지배하는
이 섬에선 단지 하나의 生일 뿐이다

먼지 나는 헌 짐짝 같은 생이
가끔 만나는 단비에 씻기면
자신이 새 부대負袋가 된 듯
달려가 새 술을 담고 싶은 섬
건널 수 없는 바다가 병풍처럼 둘러쳐
돌팔매 당할 사랑도 몸을 숨길 그곳
지도에서 찾으며, 지도 밖에서 꿈꾸는
그리운 신기루
머리 쪽 진 외대머리로
무기한 정박하고 싶은

『세상에서 가장 아름다운 섬, 外島』,

外道.

—「그 섬에 가고 싶다」 전문

범박하게 말해서 서정적이라는 말은 갈등으로 점철된 삶을 자연과 교섭하면서 바라본다는 의미를 지닌다. 여기엔 나와 타자(자연)와의 일치에 대한 소망이 담겨있기 마련이다. 이 시에서 이런 소망을 어떻게 구체화하고 있는가? 한마디로 "가장 자연스러운 게 지배하는" 삶이다. 이런 삶 속에서는 "마음만 맞으면 어디고 올라타는/ 게걸스런 칡 넝쿨의 게걸스런 욕망도" 자연스런 생의 의지가 된다. 이런 의지들이 서로를 다치게 하지 않으면서 제 생명을 꽃피우는 곳이다. 어디에 있는가? 우리네 삶 속에는 없다. 그래서 시인은 "지도를 찾으며, 지도 밖에서 꿈"꾸고 있는 것이리라.

왜 이런 지도를 꿈꾸는가? 우리의 일상이 "먼지 나는 헌 짐짝 같"기 때문이고, "돌팔매 당할 사랑"으로 채워져 있기 때문이다. 따라서 내 안에서 뜨겁게 솟구치는 생에 대한 욕망은 늘 고립된 채 억눌려 있고, 삶은 나날이 비루해지고 있기에 여기서 벗어나고 싶은 것이다. 이를 두고 "계속되는 가출"(「오래된 고백」)이라고 하듯, 동경의 내용이란 일상에서 벗어나 자연과 교감하면서 살고 싶다는 바람이다. 이런 소망이 생뚱맞은 것은 아니다. 원래부터 있었으나 지금은 잃어버린 것이라는 사실을 잘 알고 있기에 더욱 그렇다. 다행히 외도外島라는 섬을 찾았으나, 실상 우리 삶 속에 원시적 생명력이 솟구치고 자연스럽게 발현되는 곳은 없다. 시인도 그것을 잘 알고 있다. 그래서 그곳은 "그리운 신기루"일 뿐이고, 우리네 삶 바깥으로 난 "외도外道"라고 하지 않는가?

외도外道로 가는 길이 평탄하지는 않는 것 같다.

> 아저씨, 선풍기 날개만 고치세요?
> 제 날개도 좀 고쳐주세요
> 360도 회전, 문제없던 날개가
> 돌아갈 때마다 古家의 녹슨 문소리를 내요
> 누르면 육즙이 샐 것 같은 날개도
> 이젠 호두 껍질이 되었네요
> 지상의 먹이에 정신이 팔려
> 나는 걸 까맣게 잊어서 그래요
> 아니라구요? 날려고는 수 백 번도 더 했을거라구요?
> 하긴 하늘을 나는 새만 봐도
> 죽은 세포에 피돌 듯 벅차기는 했지요

먹이만 모아 놓으면
무지개 빛 날개옷, 언젠간 사면될 줄 알았죠
이젠 먹이는 제 스스로 주인이 되어
날개옷 따위엔 코웃음을 치네요
날려고 할 때가 가장 빠른 때
남들처럼 말로만 속삭이지 마세요
공기에 춤추는 깃털, 소름 돋게 날고 싶어요
아저씨, 이제 통증조차 울 것 같은
제 날개 좀 고쳐주세요

—「날개 수리공」 전문

이 시는 우리에게 아주 어색한 진실 하나를 제시한다. 팔과 날개의 관계다. 우선, 시인의 논리를 따라가 보자. 시인은 왜 자신이 날지 못하는가를 알고 있다. 또 그것이 불가능하다는 것도 잘 알고 있다. 그럼에도 불구하고 날개를 고쳐 날고 싶은 것이다. 이런 역설적 상황이 이 시를 지배하는 주도적 이미지인데, 이유는 간단하다. 애초부터 날개가 없었다. 날개 아닌 팔이 있을 뿐이다. 팔이 아파서 그 고통에서 벗어나고 싶은 것이다. 그렇다면 시인은 왜 팔이 아닌 날개라고 고집하는 것인가?

날개가 퇴화한 것이 팔이라고 말하는 시인의 의식에는

지금의 세계가 아닌 다른 세계를 향한 열망이 자리 잡고 있다. 날개란 '이 세계'와 '저 세계'를 이어주는 매체이자 상징인데, 문제는 이 날개가 "지상의 먹이에 정신이 팔려" 퇴화되었다는 사실이다. 나아가 "이젠 먹이는 제 스스로 주인이 되어" 날개 따위는 거들떠보지도 않게 되었다는 것이다.

따라서 이 시의 외곽을 두르고 있는 배경은 자본의 논리다. 말하고자 하는 것은 자본의 논리에 순응하며 살아온 삶에 대한 반성이다. 세속적 욕망에 순응하며 살아왔기에 이미 여기서 벗어날 수 없게 되었다는 사실, 그리고 이런 삶에 균열이 생겼음을 말하고 싶은 것이다. 중요한 것은 '통증'을 느끼고, "공기에 춤추는 깃털"을 꿈꾸기 시작했다는 것이다. 단단히 굳어버린 자본의 논리를 비집고 '날고 싶은 욕망'이 우리의 삶 속에 요동치는 한, 언젠간 날 수 있다는 것이니 그 길이 앞의 시에서 말하는 '외도外道'와 다르지 않다.

우리 삶의 바깥에 또 다른 삶이 있다는 생각은 현재의 삶이 행복하거나 완전하지 않다는 각성 위에 펼쳐진다. 세속적 욕망이나 억압에 따르지 않아도 되는 곳에 대한 믿음은 시인으로 하여금 새로운 길을 찾아 나서게 한다. 자연처럼 화해하고 교섭하는 삶을 향한 길떠남이다. 그리고 길 위에서 뜻하지 않은 행운을 맛보기도 한다.

길 위에서의 체험을 섬세한 감각으로 보여주는 다음의 시를 보자.

사람마다 메고 온 부탁에 눌려
키 작아진 거조암 오백 나한
오늘은 길목 사과밭에
가지의자마다 불그죽한 얼굴
수줍은 사과 나한으로
미리 영산전 차렸다

따끈한 해의 살로
단살을 만드느라
사과나한, 손 없이 분주하다
대웅전 주인 혼자 두고도 무사태평
저마다 생긴 그대로
얼굴까지 붉어져 파안대소다

탱탱한 과육 한 입 깨물면
오싹한 향법 아마 내 오금을 저밀게다
모를 접어 둥글게 익어 가는 말

아직 내 것은 아닌 말들이
사방에서 시끌벅적 기분 좋게 익는다
오백에 오백, 몇 곱절의 나한들로
이곳엔 이쯤이면 야단법석이 열린다

—「영산전이 생생生生하다」 전문

절로 가는 길목의 사과밭은 붉게 익어가느라 정신없다. "따끈한 해의 살로/ 단살을 만드느라/ 사과나한, 손 없이 분주하다"고 할 만큼 바쁘다. 이 사과들이 모두 영산전을 지키는 나한들이다. 어째서 사과알들이 '나한羅漢' 인가? 나한은 현생에서 이미 번뇌와 속박에서 벗어났고, 더 배우고 닦을 게 없고, 모든 번뇌의 적을 무찌른 존재이다. 자연의 순리에 전 존재를 맡기고 스스로를 실현하는 존재이다. 사과알도 마찬가지, 자연의 이법에 따라 스스로 꽃피우고 열매 맺고 붉게 익어가고 있다. 모든 자연의 물상들이 그러하듯 걸림 없이, 생긴 모습대로 살아가고 있기 때문이다. 자연이 스스로 불법을 설하고 있는 형국이다.

그렇기에 시인은 "탱탱한 과육 한 입 깨물면/ 오싹한 향법 아마 내 오금을 저밀게다"라고 하지 않는가. 입안에 가득 고이는 과육의 단맛이 말씀이 되어 몸을 관통하는 느낌을 상상하는 것이다. 시각과 미각, 후각과 청각이 어우러져 온몸을 저리게 만드는 경험이야말로 자연과 하나가 되는 경지요, 진정으로 '나'를 느끼는 순간이라 할 것이다. 몸과 마음이 다르지 않으니 정신의 한 경지를 보여주는 셈이다. 여기서 눈에 띄는 것은 "아직은 내 것이 아닌 말들"이라는 전언이다. 이 모든 것이 상상 속의 일일 뿐이다. 자신의 현재를 드러내는 동시에 자세를 낮추는 겸손을 보여준다. 이런 자세가 이 작품의 진정성을 담보함은 물론이요 시인의 길찾기를 더 간절하게 만드는 요소이다. 간절함을 바탕으로 시인은 단단하게 굳은 삶과 의식에 균열을 내고, 온몸으로 교감할 수 있는 또 다른 세계를 찾아다니고 있는 것이다.

이숙현 시인의 이번 시집은 일상 속에 스며든 자본의 논리를 드러내고, 또 여기서 벗어나려는 소망으로 채워져 있다. 이런 태도와 소망에 쓰라린 통증이 있기 마련이다. 이런 통증이 더 커질수록 시는 더 깊어지고 넓어지기 마련이다. 그 과정에서 "다름이 하나 되면/ 서로 썩지 않고 하나 되는"(「불이不二」) 것에 대한 발견이나, "바람이 있어야/ 열매도 꽃도 맺을 수 있겠지"(「흔들림을 위하여」)라는 소소한 깨달음을 얻기도 한다. 보다 중요한 것은 이런 소박한 깨달음이 아니다. 끊임없이 자신을 되돌아보는, "베인 상처에 소금을 뿌린 듯"(「반짝거림에 대하여」) 아프게 얻는, "누 눅한 생"(「어떤 일광욕」)의 이면에 숨겨진 진실을 파헤치려는 의지가 더 필요한 일이다. 반성적 자아란 상처 위에 뿌리를 내리고 고개를 내밀고 가지를 뻗는 식물과 같다. 일상의 각질을 벗기고 비집고 들여다보는 시쓰기 역시 마찬가지다. 이숙현 시인의 다음 행보를 기대하는 것은 이런 이유에서다.